Señorita Manhattan

Señorita Manhattan

BIMAN ROY

ARPress
ILLUMINATING IDEAS.
EMPOWERING VOICES

ARPress
45 Dan Road Suite 5
Canton MA 02021

Línea directa: 1(888) 821-0229
Número de fax: 1(508) 545-7580

Información de pedido:

Cantidad de ventas. Hay descuentos especiales disponibles en compras de cantidades por parte de corporaciones, asociaciones y otros. Para obtener más información, póngase en contacto con el editor en la dirección anterior.

Impreso en los Estados Unidos de América.

ISBN-13:   Tapa blanda   979-8-89389-228-4
           Libro electrónico   979-8-89389-229-1
           Tapa dura   979-8-89389-230-7

Número de control de la Biblioteca del Congreso: 2024906328

CONTENIDO

"Las glorias colgadas como cuentas en mis vistas y audiencias más pequeñas, en el paseo por la calle y el paso sobre el río".

desde Crossing Brooklyn Ferry

Walt Whitman

"Dedicado a todos los neoyorquinos"

Geografía de Bliss

Un antiguo sendero indio se convierte en *Heere Straat, luego*

Breede Wegh en la cara de un mapa molesto

que imita mal a Lisboa, ahora corre a través de su

cuerpo como una arteria que lleva una miríada de

moléculas de memoria

Justo mientras duermes, y te despiertas a veces

con la garganta seca, pidiendo alivio o algo

similar, luego huyes al bar más cercano, el aeropuerto,

Vestíbulos de hoteles en el más lejano para mirar

para una geografía de felicidad, o la esperanza de

conocer a un embaucador, una corista o incluso un

gángster retirado,

Si hay algo así, ¿quién podría ofrecerte un

sorbo de alcohol pirata para levitar?

Luego te das por vencido y tratas de esconderte en un cráter estrecho.

Sólo aquí

Los superhéroes nacen en Nueva York

debido a los rascacielos y los rieles

elevados, ya que su imaginación se eleva por lo alto.

o eso me han dicho algunos eruditos introvertidos,

la mayoría de ellos con padres inmigrantes.

Busque una aspiración

fosforescente de altura

emocionante.

Cuando camino a la sombra de una calle lateral,

Un repartidor de pizza pasa en bicicleta junto a mi

yo soñador con una capa roja y azul, y una mujer

joven vestida con una blusa de magnolia floreciente

se inclina a través de la ventana de su segundo piso y lee

de Guerra y Paz *en voz alta a la multitud de*

abajo, para traer de vuelta el misterio y la magia

a su apartamento sofocante de miedo.

Un hombre que camina frente a mí llama a su perro Robin

y espera hasta que termine y lo envuelve en polietileno

como la preciosa kriptonita, y en Union Square

el nuevo alcalde promete el mundo a sus

ciudadanos a pesar de la guerra y Washington.

Aquí un niño albanés y una chica de habla criolla

se encuentran por primera vez en el tren E de

Queens y en un día en que los árboles en la acera se

vuelven de color, él la abraza, mira al cielo y dice:

Ayúdanos, Superman.

Y los pechos cantores de la niña...

mucho más dulce que una lira,

más frío que el oro.

Una razón para el lenguaje

Artificial o no, el East Side realmente creía que el West Side

robaba su muselina y ardor

importado del Lejano Oriente

y engañó a la ciudad con la teatralidad de la política de Broadway.

Mientras los parisinos hacían caca al advenedizo y a

rtístico impulso de los neoyorquinos cuando el

Guernica adornaba el muro del MoMA, un acorazado

estadounidense torpedeaba al pez cantor

en la calle noventa y seis

muelle para silenciar a *Die Wacht* Am Rhein por traición.

Y pasando por

el pescadero desdentado de Fulton Street y el alcalde sin botas

del East Village que era dueño de una librería destinada a

maniquíes junto a un lugar para caucho de lujo. Las palabras

están destinadas a ser moldeadas,

succionado, y lenguado una y otra vez, luego soplado en burbujas de vibrante vidrio Corning y colocado con sumo cuidado entre

lágrima y una lágrima, pero algunos pueden flotar hacia arriba y

bajar

para acomodarse en la hierba, la arena o las túnicas apresuradas de los

clérigos

para convertirte en neoyorquino que llevas amorosamente a tu

amante. Algunos pueden caminar en silencio a un centro

comercial de la parte alta de la ciudad o a un baile en Queens o

perseguir un petardo hasta Camden para pasear y reflexionar en el

área de contemplación que lleva el nombre de Walt Whitman..

Tribeca

El blanco de los lirios que cuelgan de las nubes t

ímidas, hace que las noches parezcan más

misteriosas.

como Cavafis y sus sublimes y jóvenes canciones.

Ser elegido no significa nada más que un destello de

determinación: aquí estoy haciendo cola para una entrada

italiana.

en Tribeca con dos señoritas que son

Tan misterioso como las flores de manzano en una

granja lejana bajo la abundancia de hojas verdes de

un árbol sin nombre.

El festival tiende a traer de vuelta la

economía del centro de la ciudad, un sueño

de De Niro, y lo hizo en la venta lenta de

modas, telas y comida.

una pluma en la gorra del cine.

Me encuentro en la mente de la

película, la ciudad se cierne en el

fondo

Como una niña haciendo piruetas con una

falda corta y rosa, tierna y descarada, pliegue

por pliegue.

El jardín de Frida

En el jardín de Frida,

todo es posible:

La luna azul, la casa azul con puertas azules.

En el interior,

pájaros varados del

deseo,

pigmentos de tumberas,

y un intenso índigo

alrededor del collar de

espinas.

Al caer la noche,

hebras de luz suelta

Acomódate en ramas de jacarandá

mezcladas con lavanda dulce.

No muy lejos bajo el puente bajo de

piedra, el río Bronx (o una delgada

sombra del mismo) y una infantería de

robles inclinados hacia la noche sobre

arbustos de azalea.

Una presencia sombría se agolpa a veces

con insectos alados y colibríes muertos;

una bendición azteca,

gotas para los oídos de dama cuelgan

entre la luz y la luz.

Mientras conduzco a través

de la carne rosada de frutas cortadas y abiertas.

y flores parecidas a úteros maduras

con vida, un hombre hecho jirones

que dice ser

el alcalde de Fordham Avenue me saluda.

Picasso en el parque

Siempre lo salvaje se arrastra en los

arbustos. Esos apartamentos delineados y

crípticos dan a las calles;

El viento sobre el Hudson infunde esperanza de

una vida después de la muerte a medida que la

noche se acerca en pasos pesados.

Hay una abundancia de mujeres...

mujer sentada, mujer arrodillada, mujer de pie,

mujer con un jarrón, mujer con una hoja,

Busto de una mujer, cabeza de mujer,

disperso entre unos pocos animales errantes.

Un gato, un gallo, una cabra, un búho y vasos de

absenta, un violín y una guitarra, signos de vida en la

tierra

no llegó a *Amén.*

Comparten secretos con asentimientos y susurros.

Una vez que la luz se atenúa y los pasos de los

curadores se desvanecen como el zumbido distante

de un avión fuera de Kennedy,

toman las escaleras; Nadie habla

mientras reina el tenso argumento

del aire

tres pisos más abajo y hacia la calle cincuenta y

tres como respuestas nocturnas, *estoy dentro.*

Saltan entre autos estacionados, pasan por luces

intermitentes, esquivan policías curiosos y

neoyorquinos callejeros.

con la cabeza en sus maletines,

en grupos y solos hasta que sientan la hierba suave y

húmeda de Central Park,

más allá de las paredes sofocantes, bajo el cielo.

Cuando la luz cruza el East River

y deambula por calles soñolientas,

Todos estarán dispersos entre majestuosos

olmos eligiendo su breve rincón de dolor y

deleite.

Bocetos en los escalones del metro

Yo

Las palomas asoman

alrededor de los pies de

cemento de las estatuas

de hombres barbudos

que llenan los libros de

historia para agregar peso

aquí, y allá, un perro

meando en un árbol de

cornejo,

en plena floración.

II

Entre todos estos trenes,

debajo de las avenidas

cavernosas, llevando esta masa

cargada de borough en

borough...

tanto vacío

¡Y tanto lado a lado!

Lorca debe haber tenido un gran tiempo aquí!

III

Cannabis dulce,

hombre en el banco del

parque

drogado por el

atardecer. Cannabis

dulce,

Hombre en el banco del

parque, la puesta de sol

dopada por el hombre.

Los trenes se

apresuran y los

periódicos soplados

se pegan a una

pared

de aire tenso.

IV

Esta abundancia de

conducción inquieta desde

el amanecer hasta el

anochecer entre semana y

los fines de semana

No hay piedad en el ojo rojo del tráfico.

Ningún aire navega por los árboles

Y una sensación de falta de

aliento extendiendo las alas hacia

Hudson, Nueva York, vienen a

mi regazo;

Te calmaré.

Chicos de la ciudad grande

Las imágenes incipientes de calles

reacondicionadas menos los pensamientos a medias del alcalde del día,

perdido en las bisagras de un verano de Manhattan

pero sostuvimos nuestros espíritus entre el mediodía y la luna.

A pesar de la crisis presupuestaria y la política partidista,

nosotros, los soñadores y gritones corremos la vida como

un maratón bajo el El sobre presentadores de televisión y

microcervecerías

mientras la ciudad se hundía unos centímetros en el Hudson.

Glenn esperó en The Grassroots en St. Mark's

Place para mostrar las fotos de Sadhus de Kumbh

Mela y niños lisiados mendigando en las calles de Bombay.

Más allá del bullicio de los bazares, el mundo

sigue siendo un lugar triste, dijo entre

cervezas.

Somos los chicos de la gran ciudad, nuestra

certeza nunca flaquea, nuestros espíritus

obstinados, nuestras camas,

sin hacer como la noche, se profundizó, y la carne

se suavizó. Arrancamos las estrellas, tragamos una

tras otra, hasta que desterramos al último

Sócrates de este mundo.

La jaula

Lo que funciona para mí

No es solo el sol de

primavera en la carretera

Narciso

ni unos pocos hombres desesperados

tratando de romper la música en caja

en el lado opuesto de los

tribunales de West Fourth

Street, pero la rabia dentro

de la jaula construida con

hierro forjado

de espíritus

indomables que te

queman el dedo

sobre la piel lisa del

balón de baloncesto

si eres descuidado.

Músculos elegantes, sudorosos y

vecinales que causan turbulencia en el

aire

mientras pasan de un regate a una

zambullida; la multitud que aprieta la

cerca de alambre caliente ruge como lo

hicieron en Arcadia.

Cuando los cuerpos chocaron contra el

concreto con una nariz sangrante,

Se levantan renovados

inmediatamente después y vuelan

como flechas desde el arco hacia

arriba para convertirse en historias

de éxito.

Esto es esencialmente el material de

Nueva York, me dice un profesor de

Queens College mirando desde un

bar de brandy y cigarros,

con los ojos frotados en el sueño.

A medida que el día se oscurece, las

cosas se levantan, flotan como

humo de barbacoa y aterrizan en el

set de filmación.

de un cineasta neoyorquino—

próspero para

escuchar, como un

anciano.

Recordatorio

Caminando al norte de Hudson

Street, una piedra rojiza al sol,

enredadera.

Me gusta imaginar a una

mujer viviendo sola o con

un niño de tres años y un

Shiatsu blanco como la nieve.

Y yo digo,

Abre la gracia de tus ojos.

Hay mucho que ver,

puede ser agradable y pesado al

mismo tiempo

y se convierte en un

recordatorio de una vida

vivida

En ausencias

sin promesa. y sin

pretensiones también,

hasta que una noche el brownstone

entra en tu sueño

y decide quedarse quieto,

recordándote tu promesa y pretensión

¿Qué harías entonces?

Diferentes acentos

La música flota a través de la ventana:

The Chickering en sus piernas de caoba

baila al ritmo de Chopin en

consonancia.

Cuán invisiblemente el silencio la rodea.

El rosa delicioso del rosal, una femme fatale; juego

previo del viento en el pecho de Hudson

mientras el sol se hunde detrás de Jersey City.

Sus padres huyeron de Rusia para refugiarse

aquí, al igual que los padres de su portero.

huyó del sur del linchamiento

para dormir bajo una manta de confianza,

mientras dure,

Los fuegos artificiales encienden y calientan el

East River, incluso cuando una brisa perversa

refresca la noche de Halloween

más allá de calumnias y desaires.

Sus manos entumecidas entre los setos

tratar de sentir las injusticias pasadas que

sufrió su pueblo y las de otros con

acentos diferentes;

Se sienta erguida, mirando hacia la noche...

habiendo encontrado

deseos,

Cumplir el plan.

Cómo surge el lenguaje

Todavía tengo que encontrar la mañana más cruel

que se niega a romper su puerta más gruesa de la

falta de seguridad para vivir, al igual que la roca

más negra y estúpida.

En el frente bloqueando la salida estrecha a la luz tiene

Andy ama a Lisa tatuada

en su cara, como Hope.

Atrapado en el tiempo, viajo al borde del tráfico con

dos estados de ánimo casi paralelos como Kenneth

Koch a quien le gustaba ser influenciado e

influenciado, añorando Mozart y Monet, y

Shakespeare, pensaba en Nueva York, un simple

golpe de genio.

Todavía era mediados de los años ochenta

con música funky y apuñalamientos fatales y un

profundo deseo de ser liberado de la miseria por el

gobierno federal,

Todavía construyendo un puente colgante del lenguaje

en el que las personas se pasan la risa de señas entre sí.

Solo y solo, en el mismo aliento,

mientras disfruto de los knishes secretos en Delancey

Street, camino hacia el noroeste,

Hilos de música se

deslizan como guijarros

resonantes

Contra la negativa del agua a

rendirse, se enfrentó a la tiranía del

silencio.

Y en un bar del Lower East Side, Isaac Bashevis Singer

fue en busca de un trombón solitario para hacer que el

lenguaje sucediera.

Zen en Manhattan

Acercarse a él es como dar unos

pasos atrás del espejo

y viendo cómo las manos de luz

cubren tu mejilla hundida.

Irse significa no volver a sus orillas

de carne podrida

pero guardando su secreto en crepúsculos

insomnes, en juego o pretensión.

Una sombra cambiante de

un columpio en Central

Park,

una soledad absoluta de la adolescencia

temprana, tan parecida a Manhattan.

Hotel Chelsea

Siempre he vivido cerca de un río, un río

diferente cada vez.

Ahora es el Hudson.

El sol se inclina desde el este,

El aire atravesado por flechas de

escribanos y crestas de

lapislázuli se desplaza

lentamente hacia la orilla.

No muy lejos de aquí:

pasillos secretos y vestíbulos

sombríos

Temor

premonitorio como

Wolfe,

Historias de

asesinatos/suicidios salpicados

en paredes llorosas.

Un Hotel Chelsea del corazón,

donde venimos a defendernos

la sal de nuestra carne.

Me hace sentir segura y útil ya

que cada noche reúno mis

extremidades flexibles cerca de

mis costillas.

en cada curva del río y di:

Al deseo

vendré.

Apagón

Toda la noche, el calor

se mantuvo vivo y separado,

incluso el estruendo debajo

se había calmado.

Anteriormente, una corriente de

sombreros y faldas se extendía sobre el

puente de Brooklyn.

Ni siquiera una rebanada de rayo de

vapor había brillado en el camino de las

palomas mensajeras,

Y la giganta siguió dormitando,

habiendo sido succionada de su luz de

sangre.

A medianoche, abrí el

refrigerador muerto,

saqué de su silencio un

trozo de sandía,

Y ambos comimos su frío a la luz de las

velas, y riéndonos por diversión o nada.

Caminando con Safo en Nueva York

Con qué facilidad las palomas se acostumbran a Times Square,

como un perro a un amo abusivo o un niño a un hermano

malhumorado.

Los hábitos significan más que inclinarse a los

vaivenes del viento o aceptar accesorios de

acero en los huesos.

Camino hacia el museo donde Pollock ahoga

chinchetas, colillas de cigarrillos con pinturas de

pensamiento grueso.

Deambulas por el asfalto de una ciudad extraña

como la tuya, donde la pelea de un amante en

un idioma extranjero

te hace sentir como en casa, y el torso de un

hombre brilla al cavar tesoros antiguos o poner un

31

cuerpo que dejaría un agujero en su vida o lo haría

más sabio, como la lluvia oscura que cruza un

puente hacia montañas verdes.

La vida en la ciudad puede ser

dura, a diferencia del aserrín empapado

de las pequeñas ciudades

o nieve fangosa del norte del estado,

Pero tienes una manera de hacerlo, como

hacer piruetas como una bailarina en el hielo

que envuelve la luz alrededor,

nadando durante la noche sobre el Hudson.

Mientras caminas sin hogar hacia el frío de Hell's

Kitchen, escuchas dentro de ti:

Solía tejer coronas.

Descenso diagonal

Estaba en nuestras mentes como

un parche de nube acechante

sobre el puente mientras

descendíamos hacia Flatbush.

y Fulton contra la artillería de la luz.

Caminamos a través del

viento, fríos como la

mirada acusadora

de un ser querido, hasta el puesto de

falafel y una comida rápida sobre la

marcha.

La noche parecía sesgada,

pero el flujo era correcto

Cerca del bote de basura rema en la

acera, clemátide abrazando el poste.

Se trataba de Rimbaud en Nueva York,

Bob Dylan, Patti Smith y nosotros;

incluso la máscara de

David representada por

toda la ciudad, mil

novecientos setenta y

ocho...

Luego las mujeres bailaban desnudas

hasta los huesos, y los hombres tocaban

música hasta altas horas de la noche.

Aurora boreal descendiendo en el cielo,

Un gran cosmos estaba dando un

giro. Cuando llegamos al rellano,

Eros sacudió mi mente

como un viento de

montaña cayendo

sobre los robles.

Un azul cielo de NYPD

Hoy es el Día del Desfile Gay,

apilado en otros 364 días

importantes.

La Quinta Avenida se ve linda como un travesti.

Glenn está fuera con sus caras

digitales pintadas de verde, cuerpos

abrazándose fuertemente.

como en la vinculación de

la escuela secundaria. Mi

mente es una cuna plateada

inclinada hacia el West Side.

Los manifestantes caminan por un campo de petunias.

Los sigo a lomos de un burro a través de

nubes de albaricoque

justo al borde de Stonewall.

Hoy me pinto la cara de azul suicida.

Entonces, mantengo el festón y los

golpes de tambor cerca de mi piel

como un despertador.

ya que aún no estamos

allí para celebrar.

Callejón

Todo el camino desde Bleecker

hacia el este, no hay señales de

tráfico vivo, excepto un cuervo

sosteniendo

en un gatito muerto como

rescate, tal vez para el alcalde.

Árboles cargados de

tachuelas plateadas

languidecen en la lenta

lanzadera de un domingo

nevado.

Como atajo a una calle estrecha,

el cartel de un candidato

porque la carrera por la alcaldía me mira,

Una puta por la justicia y más penitenciarías

y por encima, detrás del cristal

como la voz de un ventrílocuo,

Retrato de Stieglitz de Georgia O'Keeffe—

dedos reunidos alrededor del

cuello en ternura aluvial, y

Capas de cromo, púrpura y magenta han

iniciado un incendio en la calle lateral.

En la guarida de un gángster

El viento cambia entre las ramas,

sigue siendo un día caluroso y

bochornoso en el centro de la

ciudad.

Los helicópteros atraviesan el corredor azul del cielo.

En los túneles del sótano

que conducen al East

River,

Me encuentro en la guarida de

un gángster con el camarada

Trotsky.

y rumrunners listos para flotar

hacia la costa cubana.

El bar clandestino de abajo y

galones de licores de

contrabando,

donde los hombres simplemente

registrados como desaparecidos,

permanecen bien ocultos.

A pesar de disparar en la

carrera, asesinatos silenciosos

en las calles, los gángsters

afirman tener

Su código de ética:

donde termina el habla, comienza

el silencio; Es entonces cuando la

trama se espesa.

Rumor.

Cabello.

Al mismo tiempo,

hombre.

Finales de primavera

Hoy todo está roto: la

melodía que se detiene en el labio,

la campana que no suena a las

siete, y su llamada telefónica perdida,

como una avenida que perdió su neón,

En otros lugares, las balsas

polvorientas de viviendas con

huesos y trapos podridos

Resacados sobre hombres con

pies hinchados y mujeres con

pechos caídos, niños

hambrientos de comida y amor.

La forma en que vive la otra mitad

en la sombra opresiva del confinamiento concreto.

Un fétido aroma de un sueño

chamuscado flota en el aire...

No es una de sus mañanas

normales de café tostado y bagel.

Por la tarde el rompimiento se suaviza.

Alinearse en aire frío a 86 E

para pinturas

expresionistas, luego sushi y

sake caliente

en el pueblo justo cuando la vida avanza.

La noche llega con Ozu y

su "Late Spring"

trayendo de vuelta otra capa de

pérdida, como anhelar Nueva

York mientras vive en Nueva York.

Con voz de

miel, brisas

penetrantes

mojadas por el

rocío.

Un tatuaje a la vez

Pintado en la parte posterior roja del autobús

turístico, los espectadores miran curiosos,

juguetones,

como una pregunta que pide ser hecha.

En la esquina de la Sexta Avenida y la calle Trece,

un parche de luz solar en la espalda de una paloma.

Un caniche se sienta a esperar con su

amo a que cambie la luz.

Luego, con dos manchas oscuras en

su parte trasera, trote a medida que

la vida avanza.

con las manos vacías.

Casi al mediodía, la hora del almuerzo llega como cartero a

tiempo.

La ciudad va al salón de tatuajes, los

pigmentos se infunden a través de rondas

y pisos, y la barra de sombra

se mueve como una nube de la más oscura a la más clara.

Luego un descanso, repentino y

silencioso, como el patio

instantáneamente sin gorrión,

una sospecha de lluvia y

Huellas del pasado entintadas en la piel

un tatuaje a la vez.

¿Lo necesito?

ni estos, más

alrededor

desear.

Ese septiembre

En el aterrizaje del ferry—

manivelas de máquinas agrietando

médulos de tilos americanos llenan el

aire

y en la Zona Cero, la eterna excavación.

Nadie sabe quién cuida el

ganado en Ítaca

o quién sirve café en el centro de Starbucks a

estas horas

cuando el viento sigue siendo víctima de un derrame cerebral.

La gabardina empapada de

septiembre doblada en memoria de

los trovadores

Se deja cerrado al letrero de la calle doblado

hacia atrás y un hedor se acumula alrededor

del hidrante.

Entrando en la noche turbulenta

de ese septiembre

bajo un cielo sin tráfico,

Noto en el pavimento húmedo una raíz medio

podrida hundiendo sus dientes en la médula de

Manhattan.

Muerte, en cualquier caso

Adivina qué opciones tienes uno: o ser

disparado justo entre los ojos o un estrangulamiento

lento hasta el atardecer.

Aún así, la gente puede elegir uno sobre el otro

dependiendo de lo que se esté cocinando en la sartén de

hierro plano de su mente en ese momento, aunque

alguien podría decir que no es otra opción.

Cuando Stan White recibió un disparo

en esa noche empapada de champán en la torre

superior del antiguo Madison Square Garden

por un millonario, (que también robó su sirena de

terciopelo rojo y viajó alegremente en el tren a un

manicomio).

en Matawan)

¿Qué opciones se les dieron entonces,

47

excepto ajustar la cuenta en este lado de la

vida?

A menudo es una mejor idea, se podría argumentar,

reubicar la mente en un espacio privado pero público,

como en un vodevil.

dejando que los ojos se deleiten y la carne

hierva a fuego lento en lugar de merodear por

las estrechas calles de Tenderloin.

¿O fue porque la niña quería huir del aburrimiento de

la igualdad, o deseaba salir de la sombra?

de un árbol demasiado familiar, o simplemente fue

arrastrado por la exuberante lujuria del otro hombre, o

estaba en un estado mental desconcertado, intercalado

entre el Sí y el Sí.

Por supuesto, las noches estridentes en los lofts del centro

pueden esperar más que un armisticio, o un lento

deslizamiento de un espectro de vida.

o mantenerse ocupado en minucias sin sentido, o elegir un

pasatiempo: todos los trucos habituales en la bolsa para

infundir quietud

en una tierra estéril azotada por el viento.

Pero alguien podría negarse

para elegir cualquiera, dejando que la luz muera delicadamente

dentro de sus ojos.

Mantenga las luces encendidas

Después de que todos los lofts en el Lower East Side fueron
pintados de verde con aerosol, y el cielo se volvió ámbar bajo el
globo rojo flotando,
Adiós, le dijo a su amante, curvando ligeramente su cintura,
Garboesco, y él, con su bigote de Stalin, inclinó su
sombrero puntiagudo adiós, en su despedida falsa a
menudo repetida.

¿Por qué no tomar un taxi en la parte alta de la ciudad o tal vez a
Apolo, donde
¿De Niro exhibiendo Taxi Driver? ella preguntó. No estoy seguro
de eso, dijo mientras tenía sed de McSorley's o de cualquier bar
irlandés de la ciudad y hambriento de un bistec parecido al mapa
de Nueva Jersey.

Él no estaba contento, y ella sentía un útero vacío como

estar de pie frente a un Warhol sin sexo salpicado a

través de la pantalla de seda, un asedio de la noche. Pero

se establecieron en un abrevadero en el distrito gourmet

antes de pisotear Times Square sobre las cenizas de

Reunión.

Mucho más tarde, de vuelta en la habitación del hotel, en los

pliegues de los brazos de su amante, murmura, *sabes que tengo miedo*

de lo desconocido.

como O. Henry,

Antes de morir, quería que las luces estuvieran encendidas para irse a casa.

Ciudad irreal

Sulfur City, su incandescencia...

Me enamoré de su brillo surrealista

cuando mis ojos se posaron en el cielo.

Dejé a mi esposo y a mis hijos

lejos en un rancho desolado con

días calurosos y noches frescas,

como en las películas de John

Wayne.

Conocí la ciudad en el metro, museos y

bares, tratando de trazar sus contornos.

y cadencia, dejando de lado las esperanzas y los

miedos, escuchando el florecimiento y el flujo como

dos mujeres, pisando sus secretos, con siglos de

diferencia.

Mientras estaba lejos, mi esposo estaba

saliendo de un auto real y saludando a un

perro de verdad.

o dejar a los niños en una escuela real, me paré con

un árbol en un bordillo solitario ahogado en hojas de

oro, irreal.

Ya deberíamos habernos descubierto el uno al

otro, pensé, o tal vez no.

Y mientras mi marido

estaba mirando un reloj real, miré por

encima del puente, pasado el tiempo y

Central Park

a O'Hara apoyado sin aliento en la puerta de John

en el Five Spot, escuchando "Strange Fruit" en su cabeza.

Túnel bajo el río

No todas las luces están apagadas

todavía, pero la pista de baile está

casi vacía. En el centro, un hombre,

un hombre grande con la cara de un

general del ejército,

benigno y cruel, girando y girando lentamente

En un ritual compulsivo, y aferrado a su enorme

torso, una rubia inmaculada vestida de blanco

suelto

con una corona de periquitos vivos.

Afuera, una corista

caminando a través de

artillerías de deseo

arrojó su armadura de

precaución a su hombre que

esperaba en un taxi como el poeta de Rutherford

Mirando desde adentro para dibujar una

belleza. ¿La recogerá esta noche o cualquier otra noche?

y llévala lejos, a Babilonia o a Alejandría,

¿A través del túnel bajo el río?

Cómo son las cosas

La dama de negro salió

directamente de una tolva, a la

izquierda

pie primero, enfundado en seda y cauteloso,

en la calle lateral bañada por la lluvia que desemboca en la Quinta
Avenida.

El hombre de una chaqueta verde, calvo como

un melón, corrió detrás y casi se volcó,

Se equilibró con una leve sonrisa y extendió

el paraguas, entreabierto.

La dama, furiosa

ante la incompetencia de la noche para

proteger a sus estrellas y molesto por el juego

perdedor de Broadway, pidió un taxi para

alejarse del piano bar.

El hombre, elegante como un vendedor, estiró el

cuello en la noche oscura.

se extendía entre East River y el Hudson, y

logró llevarla a ninguna parte.

Una vez que ella se fue, el hombre sacó un

cigarro y fumó como si nada hubiera pasado

realmente, ni siquiera en el paisaje urbano de Hopper.

Magia pasada, clubes de comedia, corazones rotos y suciedad.

Bancos violetas

Te mantuviste sin pretensiones,

entre Mott y Baxter en Mulberry Street, como

un árbol desnudo en otoño.

Inclinación de tu

cara, calentando

hasta el peso

de la mañana, me recordó a

filas de comestibles verdes

y funerarias.

Más allá del banco vacío del parque,

en la esquina se agachaba, un hombre o

nada, como las cartas desesperadas de

Kafka sobre cartas a Milena, y me quedé

impresionado.

"Tonto", me dije a mí mismo,

"¿Por qué no puedes abrir

como una trompeta o un paraguas?"

En ese momento, caminaste hacia

mí y te inclinaste como una escalera,

susurró ágilmente:

"Llévate e a los bancos violetas".

Domingo, otoño, 7 a. m.

Luz lenta en tallos de lirios de bajo

perfil, un amarillo tigre

ininterrumpido,

Una ventana medio cerrada a un día

floreciente, como brotes de música medio

abiertos bajo un desgastado tiro de

cachemira en el piano antiguo

mientras las calles laterales cortejan lentamente el tráfico.

El domingo de septiembre, pasando por

Central Park, un tren de noticias silba a través

de la Grand Central

como motas de luz de otra galaxia, y el

pesado almizcle del sexo

impregna el hueco de la escalera que

conduce a la luz del día y sus posibilidades

desplegadas y tambaleantes,

como filas de apartamentos en Trump's

Place calentándose al amanecer del Hudson

como visiones de azul impenetrable

al borde del blanco determinado

me hace sentir completo,

incluso si muero hoy.

Puesta de sol en el Seaport Inn

En el mercado de pescado de

Fulton, montones de caballa

recién capturada golpean un piso

de cemento,

Un intento desesperado de huir de la

mañana y su filo de ejecución

para el placer culinario de alguien.

Por la noche me doy vuelta

la punta de mi último cigarrillo hacia

el sol como el arco de acero del puente de Brooklyn

arde muy por encima de Water

Street, marcando la carne de ensueño de los

habitantes del centro,

soñando con huir de ninguna parte.

Noche de un neoyorquino

En White Horse Tavern,

Me enfrento a la luz refractada de

la ciudad a través del ámbar de

Guinness

con una multitud bien tonificada de

cuerpos jóvenes, mucho después de Dylan Thomas

Arregló su cuenta con el mundo.

Su sombra aún se cierne

sobre su retrato en la trastienda

como en los días de Mailer

golpeando sus convicciones

varoniles, o por la noche,

Delmore Schwartz recitando

páginas de *Finnegan's Wake.*

A medida que se profundiza la noche,

cuatro bomberos entran con botas

cubiertas de ceniza, cascos humeados.

Un repentino fuego de desafío rueda sobre el

aserrín. Las camareras bailan con los bomberos

en las mesas, los extraños se besan y lloran...

Somos neoyorquinos. Nos negamos a rendirnos.

La forma en que las cosas deberían ser

Cuando paso por Wall Street,

Los agujeros abiertos ya no me molestan.

Han pasado casi dos años.

He aprendido a vivir con huecos y espacios en

blanco, como cicatrices no reclamadas de

atrocidades sentidas,

lentamente, las vigas dobladas y los

revestimientos carbonizados se guardan,

dejando que un punto de respiración para

los dientes de león se eleve como un borde

de sol,

y los hombres que construyeron torres

están plantando tulipanes holandeses con

manos inquebrantables

y ojos secados por el viento donde los niños

vuelan cometas, y una mujer de Jersey

recauda dinero para una banda de huérfanos, y el viejo rabino

bromea con su vecino musulmán negro sobre la

permanencia de las piedras,

y entrena el ajetreo, rompiendo el caparazón de Dawn.

Han pasado casi dos años.

Las brechas han comenzado a sellarse,

Y las semillas de granada de sangre congelada

todavía están esparcidas por la calle como recuerdos tristes.

Manhattan Mon Amour

La casa cerca de Gramercy Park

envuelta en seda china del crepúsculo de otoño

enfría y se mete dentro.

Mientras bebes Darjeeling y hojeas un

catálogo de Macy's, hablas de la

menarquia, la soledad, los impuestos, la

poligamia, De Kooning y Castro.

Pienso en los tiempos en que la cercanía de

ti era una quemadura autoinfligida.

Primero cambiaste de lado de la ventana a la

puerta, luego del lado este al lado oeste

y lo seguí.

Dejaste de amar a los periquitos y te llevaste a

los gatos. Nos hicimos mayores por el día y

sombríos por las noches.

Ahora un metro cuadrado de espacio

perfumado separa nuestras noches y el anciano

de al lado siempre tose en el momento

maduro.

Esto es cuando dices: *En Nueva*

York, cada mujer es un espejo.

Doblando la pasión en la moda.

Arte del tiro con arco, miedo a la impregnación

A veces le gusta liderar como el orgullo

del agua que se mueve rápidamente.

ganado urticante y tallos de maíz chamuscados.

En el campo estéril, el deseo está desnudo como

un huérfano, indefenso, con los ojos llorosos.

¿Por qué no puedo pelar la piel y perforar la

entraña de Nueva York? El niño pregunta con

ojos implacables

mientras afila la punta de una flecha sobre el asfalto

desnudo ocultando los fragmentos de un

falso romance.

En Central Park, los titanes luchan, y su sudor

fluye como un río de ilusión perezosa,

pintando el cielo en neón rosa sobre arsenales vacíos,

periquitos heridos y candelabros llamativos.

Todo lo que quiere es el ángulo de

Tribeca, la estepa del Bronx y las laderas de Queens,

como fragantes arboledas de misericordia menos

La riqueza malversada en los secretos de los barrios marginales.

La niña camina a pasos medidos y reafirma

su territorio como una leona enjaulada

elige no elegir el agua sobre su cueva y

pregunta:

¿Todavía anhelo mi virginidad?

No Finito

En las pinturas, me gustaría ver el

viento soplando a través de los robles

en la colina y una mujer en el arroyo

reuniéndose

ruinas de su infancia, perfumadas de

belleza, pero no soy ni pintora ni

curadora

lidiando con la tentadora solidez de lo irreal.

Entonces, cuando miré, sentado detrás

del vidrio de un café en Little Italy,

al ver a una niña, pasando a toda

velocidad en sus patines, *veo que*

sopla el viento.

Vinnie, el dueño, sonrió

sabiamente: no vas a Roma a

conquistar; Simplemente atesoras su

esplendor

y volver un poco más rico por dentro.

Tanto dejado sin hacer por elección o

casualidad: una cena perdida en el centro de

la ciudad,

una reunión en el Bronx, un funeral

apresurado en Brooklyn o un vistazo

de amor pasado

en una sala de cine, nunca sumando un todo.

Más tarde, en el Met, mirando filas

de pinturas de maestros antiguos y

modernos con lienzos rayados,

dejados en blanco, trazos perezosos

sobre verde, debajo de la pintura.

Goteos de colores en exuberantes

ramos como rastros de pensamientos

que quedan visibles.

*Oh Non finito que
anhelo y busco.*

Buscando misericordia o la difícil situación de noviembre a medida que se desarrolla

Más allá de la cornisa bajo una luna aún por salir, no muy

lejos de las vistas y los sonidos de Brooklyn y el majestuoso

problema solo para llegar allí en un tranvía llamado "Bridge

Only", sentado apretado y solo como una horca atascada en

la enredadera,

Observo las avenidas de ojos abiertos y labios cerrados abajo.

Jones han ido a Jones Beach y los Tylers

a su lindo bungalow del norte del estado antes de que las

patas del invierno merodeen por la tierra. Mis flancos están

vacíos y tranquilos. Mi única luz

brilla en el Hudson como un Schopenhauer solitario

mirando al gato atemporal en el patio trasero de su vecino.

Todas las guerras han terminado, y montones de armas silenciosas

deportadas a otros lugares.

Mi esposa de veinticuatro años ayuda a un hipolito a

levantarse de una caída en el pavimento de un pueblo

lejano, siempre

La Sra. Mercy se inclinó; Cara iluminada en un tierno caminar lado a

lado

a un bar lleno de gente, llevando la carga de años

divididos y cenizas desempapadas y ardientes, donde podría

encontrar

otro Garrulous Gould bebiendo bebidas —*prefiero la ginebra*

pero la cerveza servirá— y luego hablando con gaviotas; y paso

este elocuente silencio de una noche sin rostro enferma de amor

y cansada al mismo tiempo,

como bailarina de tango desenredada en la sala verde.

Oigo a la multitud reunida en unos y dos para

rescatar a un hombre en lo alto, vestido para el

otoño, ahora listo para saltar de su mundo, la

multitud vagamente persuasiva pasiva

o apasionado o simplemente curioso, difícil de distinguir desde mi posición.

Entonces el hombre cae y cae, jadeando y desenganchando a

O'Hara:

Hay demasiada cal en el mundo y no hay suficiente ginebra.

Otra vez

Buscar poesía en la ciudad

puede ser agradablemente

peligroso,

aunque no como buscar un bronce antiguo en

el Bronx en las noches profundas de los

ochenta.

Pero no puedes simplemente dejar de buscar...

como si ignorara el agua mientras nadaba con

tiburones, así que encontré aulas con paredes

pintadas de rosa, pasillos vacíos de edificios

condenados,

escenarios construidos apresuradamente frente

a avenidas boscosas, balcones sombreados con

taburetes de carpintería,

hasta que me detuve en el otro extremo de East Fourth

Street, subí un tramo de escaleras que terminaba en una

habitación oscura con botellas alineadas contra la pared.

y recuerdos del antiguo régimen comunista—

una bandera con la hoz y el martillo y un retrato de Lenin.

Me dijeron que estaba en el

KGB-Kraine Gallery Bar.

Preparándose para una lectura de

poesía: ¿una agradable

sorpresa o un examen de

conciencia punitivo?

Nadie estaba seguro.

Pero hubo

un silencio desgarrador...

Aquí (una vez más),

musas

dejando el oro.

¿Quién teme a Marianne Moore?

Para Dylan

Esperando en el Shea

Stadium, para que

comience el juego,

El lugar para estar a mediados de los ochenta.

Golpe frío del viento y bordado de una

lluvia gaseosa sobre el verde descolorido

de los árboles de otoño que se vuelven

azules y naranjas a medida que se filtra la noche.

Con Gooden en el montículo y

Strawberry gritando, *¡Somos dueños de la*

ciudad!

Como carros de transmisión en

Olimpia al servicio de Zeus,

Atletas desnudos que se desvían en

el aire, venas palpitantes esperando

implosionar.

Cuando las bases se

cargan en la

parte superior de la entrada,

un silencio elocuente

corre por las venas.

Luego, rompiendo el hielo de la

paciencia, un enjambre de

coronas se levanta con aletas

atronadoras

como rostros en la galería se derriten y se

reconstituyen como una multitud de

nubes.

Cuando termina el juego, los pies

que gritan pasan a través de

torniquetes anticuados.

en una noche de tolerancia fraterna.

¿Quién le teme a Marianne

Moore? Luego regresan a casa y

hablan con sus hijos,

Recordarás,

porque nosotros en

nuestra juventud

hicimos estas cosas.

Sí, muchas y hermosas cosas.

Calle Barrow de la Mente

Sin libros, sin golpes de cejas, sin amanecer

apocalíptico, solo el entumecimiento de un álamo

atropellado en una tormenta de nieve, adoquines sin

restricciones de Water Street, donde

Un grito se invierte en silencio esperando el barco

para llegar llevando al amante de cabello dorado desde

lejos: un azteca, nórdico o Britton. ¿Por qué le importa

a uno

en absoluto cuando los rieles laterales se

congelan sobre el puente de Brooklyn y una

desesperación ártica disminuye el cielo tarde

bajo la luz del gas, como los poetas

enmascarados juegan y dicen a cada

movimiento, *Eliot está muerto, ¿larga vida a*

Eliot?

Amanecer y atardecer en la calle Setenta y uno

Como un niño

vertiendo arena sobre arena

Los enormes pilares de hormigón

debajo intentan proteger el día

gritando de noches imposibles.

Presidentes, ladrones, el hombre

desdentado de un refugio en la parte alta

de la ciudad...

Todos visitaron el santuario y

tocaron el resplandor con las

manos desnudas.

Pero aquí se detiene el dinero.

Debajo de la extensión de esta catalpa,

palomas de roca celebran la Pascua en el East Side,

Y lo que queda se convierte en el forraje de la máquina del tiempo.

Consulta del espectador

Nueva York está en su menopausia ahora,

alguien le dijo en el tren N a alguien

mientras la chica sentada a mi lado como

Buda se arrancaba las cejas como un campo

de béisbol,

mientras me preparaba para salir de la estación.

Lo vi el otro día cerca de la

Biblioteca Pública,

donde un poco de jazz, aromatizado con sopa

de cordero, flotaba sobre el arbusto de gardenia

frente a los leones y algunas palomas, tercas

como mulas,

picotean las letras en las páginas de *Post*

Siempre espera en la acera,

aquí en la esquina de Bleecker y Broadway,

guarda el papel en el banco de madera

como para un amigo, y fuma puros Maduro

como un samurai en el jardín real.

Sé exactamente lo que va a hacer ahora.

Mirará su reloj, doblará el papel, sacará un

pañuelo, se sonará la nariz,

luego camina hasta la puerta de Guys and

Gals y aléjate con la misma mujer.

Señorita Manhattan

Qué casualmente se acuesta en su cama en el

parque, sombreada por lilas en flor, algunas

palomas anidadas en sus pliegues,

durmiendo la siesta.

Su rostro griego medio descansando sobre manos

ágiles, contenido y contento en soledad reposada.

Durante años, he tratado de

apartarme de su mirada,

Sin embargo, ella está por todas partes...

en lo alto de monumentos en las bocas de los

puentes, protegiendo museos, flanqueando

zonas verdes

de un pasado obsoleto—

Y la grandeza de su cuerpo suaviza el

cielo casi hasta un susurro.

Todo lo que recuerdo es que se despojó

de la ropa y dejó salir a la mariposa,

Pero nadie la ha visto derramar lágrimas

después, o los sesenta y cinco años de asilo-silencio.

que cabalgó sola como una pura

Gota de agua llevada al mar en una hoja de loto,

solo el adivino gitano

susurrando en sus oídos más jóvenes un futuro

retorcido y el viento silbante sobre el río San

Lorenzo.

Todo lo que ella quería, tal vez:

La seguridad del amor, algunas

comodidades terrenales y las voces

amenazadoras de la oscuridad para desaparecer

a cambio de escribir una oda a la

Belleza con su cuerpo por una ciudad privilegiada:

Entre las mujeres mortales,

sepan esto:

De cada cuidado, podrías liberarme.

A la deriva

Caminando cerca, lo que susurraste

se dispersó en el viento de papel

flotando en puntos húmedos en tu top

de seda de tamarindo como un sabueso

sediento.

Aquí en McDougal Street, el encuentro

de mentes sobre los derechos de las

mujeres

y la poesía socialista salió de la prensa

bajo un cielo cargado de pedernales.

¿Realmente importa lo que reflexionas

y lo que dices o sientes?

al acariciar el pecho en el aire lleno de

humo, sin aliento para atrapar el derrame

¿De la envoltura de celofán con

mantequilla revoloteando a lo largo de tus tobillos apasionados?

Tal vez o tal vez no.

Luego caminas a lo largo del precipicio del

verano y te vas como un sol caprichoso,

mientras me dirijo hacia ti como la

polilla proverbial, y escupes fuego para

salvarme de mí mismo.

Alturas del lado de la mañana

Confundido, pone su pie derecho primero en el

aguanieve de hielo que se disuelve rápidamente para

aferrarse a la manija de la puerta de su Chevy plateado

mientras siente un arrastre opuesto debajo de su pie

izquierdo, que obliga a su torso superior a arquearse

hacia adelante, alterando su equilibrio: *Voy a caer de*

bruces.

A pesar de un rápido golpe de miedo, todavía ve el cielo

despejándose al noroeste del alto cielo abrazador, pero de

alguna manera se estabiliza para *agradecer a Dios,*

maldiciendo con fuerza en un

Taxi que pasaba rociando agua helada y sucia sobre

el tweed beige que su ex novia le dio la Navidad

pasada.

Una vez dentro del coche, se siente estúpido como su amigo

moldavo que pensó que Geena Davis tenía algo que ver con

Gin y luego piensa que se trata de hacer

las conexiones correctas de cualquier manera imaginada,

a la tierra húmeda y pedir su apoyo maternal

y por alguna extraña razón Andre Breton vino a su mente:

La poesía se hace en la cama como el amor

En el camino a San Romano

Camino de regreso a la desembocadura del río.

Qué solitario se siente uno

caminando por la orilla del río

En un camino raído

encajado entre la roca del ahorcado

y un muelle desolado

con el sol descendente y el agua todavía

como un cuerpo enfriándose en una noche sin luna.

La ciudad parece estar muy

lejos con su leve sentido del

neón,

su murmullo distante como un patio de

recreo que se llena de niños,

y sus bares zumbantes en el West Side

con brigadas verticales de botellas

artesanales y ojos bien cerrados.

Mientras uno camina y camina en pasos

pasivos, las ventanas parpadean como ojos

por la noche.

Las estrellas descansan en paz bajo

el agua. La noche se derrite como

mantequilla en una sartén.

Alguien se acordará de

nosotros, digo,

incluso en otro tiempo.

Un viaje en ferry

En el pecho brillante del agua ondulada,

una sombra, verde y rota

la icónica Madre de los

Exiliados. El barco se

desplaza en su paso.

Nos recostamos en los asientos en el

aire tenso y nos agarramos al borde de

nuestras chaquetas. *Debe haber una*

isla Ellis en el cielo, dices *Sí,*

Asiento, si hay

refugiados de

corazón.

Sonríes, perfumado a lavanda.

En jardines de olivos

más allá de las costas

ultramarinas de Lesbos

los inmigrantes se convierten en migrantes,

Y su desesperación corre por las

calles como la sangre corre hacia las arenas.

Cómo las palabras cambian su

significado cuando eliges estar en silencio,

lo conocido se vuelve desconocido.

Sin embargo, sabemos que el dolor no

es solo un tornudo y una noche

aturdida y desagradable.

puede doler menos que un día de

metralla. Mientras los migrantes

esperan cerca de la puerta, su ira

se extiende en el pecho.

para protegerse contra

una lengua vanamente ladrando.

Ahora hemos cerrado el círculo.

Al pisar la West Side Highway,

dices:

A medida que cortas los rosales

con más fuerza, florecen más.

Se agradece a los editores de las siguientes publicaciones donde aparecieron por primera vez poemas o versiones de estos poemas.

Bocetos en las escaleras del metro: El Diario Completo (En línea) 2003, Atardecer en el Seaport Inn: Quema Controlada, Primavera 2009, Apagón: Quema Controlada, Primavera 2009, Noche de un Neoyorquino Nuevo: El Alambique, 2009, Pregunta de un Transeúnte: El Alambique, 2009, Calle Lateral: Revista de Poesía Iodine, Verano 2009, En el Festival de Cine de Tribeca: Revista de Poesía Iodine, Verano 2009, Pulso: Harpur Palate, Primavera de 2009, Ciudad Irreal: Common Ground Review 2016, Alivio al Fin: Common Ground Review 2016, Un Cielo NYPD Azul: Pennsylvania English 2016, La Manera en que Son las Cosas: The Round 2016, ¿Quién le Tiene Miedo a Marianne Moore?: Journal of NJ Poets 2017, Un Paseo en Ferry en la Línea Circle: Ese Septiembre: Solo aquí: Reseña de East Jasmine 2018.

Mi sincero y especial reconocimiento a la Sra. Ann Carson, cuyas esclarecedoras traducciones de Fragmentos de Safo han sido inspiradoras para componer los siguientes poemas:

Aquí solamente, La jaula, Recordatorio, Acentos diferentes, Hotel Chelsea del Corazón, Caminando con Safo en Nueva York, Descenso diagonal, En la guarida de un gánster, Primavera tardía, Un tatuaje a la vez, Nonfinito, Otra vez, ¿Quién le teme a Marianne Moore, Señorita Manhattan, Camino de vuelta en la desembocadura del río, Mi arte de la arquería, miedo a la impregnación.